FACULTÉ DE DROIT DE TOULOUSE.

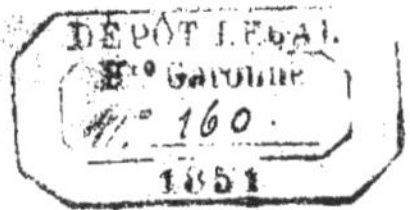

THÈSE

POUR OBTENIR

LE GRADE DE LICENCIÉ,

SOUTENUE LE 4 AOUT 1851

Par M. Verdalle (Hippolyte),

Né aux Ilhes (Aude).

PRÉSIDENT : M. DELPECH.

TOULOUSE

TYPOGRAPHIE DE J. DUPIN, RUE DE LA POMME, 23.

1851.

titur; senatusconsulto Orphitiano liberi ad bona matrum intestatarum admissi fuerunt.

Sub duobus titulis, videamus hæc senatusconsulta.

TITULUS PRIMUS.

De senatusconsulto Tertylliano.

Divi Claudii instar qui, teste Suetone, matri, ad solatium liberorum in acie amissorum, eorum hæreditatem legitimam detulit, ita senatusconsulto Tertylliano matribus non aviis jure communi hæc delata est hæreditas.

Communi traditione hæc reformatio sub regno Antonii Pii posita fuit.

I. Ex filio defuncto nulla exigitur conditio. Parùm enim refert an legitimus, naturalis, vulgòve quæsitus sit. Item nihil interest an mater alieni juris aut sui juris sit; hæc autem aliis duobus conditionibus subjicitur.

1° Jus liberorum.—Matrem ingenuam atque libertam, hanc quater, illam ter, peperisse oportet; et si attendamus post bella civilia et proscriptiones hanc legem fuisse latam, cùm in omnium animis esset Romam novis incolis frequentare facilè hujus conditionis gravitatem et amplitudinem intelligemus.

Ideò jus liberorum non erat, si mater vivos et pleni temporis non peperisset, aut si monstruosum aliquid aut prodigiosum enixa fuisset. Isti enim civitati nihil profecturi fuissent. Septimo tamen mense natus utilis ergà matrem habebatur. Multæ et agitabantur questiones quæ facillimè explanaremus hujus ratione legislationis, si in Pauli Sententiis, lib. 4, tit. 9, § 2 ad 6, cunctæ solutæ non fuissent.

Solùm observemus filios mortuos quasi superstites videri. Hanc tamen juris rigiditatem princeps emendabat matri orbatæ filiis jus liberorum concedens.

2° Diligentia tutelæ. — Sub aliâ conditione mater ad filiorum successionem admittebatur. Major enim vigenti quinque annis filiis impubibus tutorem petere cogebatur, et si intrà annum non petiisset successionem mortuorum impuberum non apprehendisset; successione enim non denudabatur si filius puber intestatus decessisset. Nàm puber mortuus intestatus planè non testando maternam negligentiam excusaverat.

II. Hujus nunc successionis videamus effectus. Mater excludebatur ab hæredibus suis, à patre defuncti et à fratre consanguineo; et si fuissent frater et soror consanguinei et mater liberis onerata, frater quidem matrem excludebat : communis autem erat hæreditas ex æquis partibus fratribus et sororibus. Sed etiam avis vel proavis cunctisque aliis agnatis anteponebatur; cum autem sorore consanguineâ communis erat hæreditas ex æquis partibus.

Ut ab hæredibus suis excluderetur mater, parùm referebat an filii sub potestate aut emancipati sint. Filii autem, quos in adoptionem defunctus dederat, hoc privilegio non utebantur, si tempore mortis adhùc in patris adoptivi potestate submitterentur; sed à divo Antonino per bonorum possessionem undè cognati quæ hoc casu excludit bonorum possessionem, undè legitimi admissi fuerunt.

Nostrum senatusconsultum matris defunctæ successionem non illius filio sed aviæ deferebat. Senatusconsultum Orphitianum hoc emendavit filium matris hereditati vocando; quinimò matre et filiis concurrentibus, hi à constitutionibus anteposiți fuerunt.

Vidimus avum à matre exclusum, non tamen vivo patre manumissore, quo casu hic matrem, avusque patrem excludebant.

Hoc jus senatusconsulti paulatìm emendatum est constitutionibus imperatorum Constantini et Honorii, qui jus liberorum mitigaverunt. Deniquè justinianeâ constitutione hoc jus planè disparuit; et matres, etsi non ter enixæ fuerint, vel quater, jus legitimum plenum obtinuêre, omnibusque personis legitimis antepositæ fuêre, exceptâ fratris et sororis personâ, sive consanguinei sint, sive solæ cognationis jura habentes, cum quibus æqualibus partibus veniunt, si sint fratrès et sorores, cum autem solis sororibus tota dimidia matri, aliis autem alia.

créer une position qui les rende indépendants de la famille légitime, tel est le double but que s'est proposé le législateur.

Rarement l'on obtiendra le premier but, parce que la consistance d'une succession ne peut être connue qu'à son ouverture, et que l'enfant naturel peut intervenir alors pour surveiller ses droits ; mais le second sera toujours atteint, car 10,000 fr., par exemple, seront toujours plus profitables à un jeune homme de vingt ans, sur le point d'embrasser une carrière, que 20,000 fr. à celui qui touche déjà au terme de son existence. — La question la plus importante sur cette matière, c'est celle de savoir si la donation faite par le père doit, pour être valable, être acceptée par l'enfant naturel. L'affirmative s'induit, à mon avis, de la lettre et de l'esprit de la loi. L'art. 761 n'exige pas seulement qu'une donation ait été faite à l'enfant naturel, il veut que ce dernier *ait reçu* l'objet donné, qu'il en ait acquis la propriété, ce qui ne peut avoir lieu sans son consentement. D'un autre côté, si un père, à son lit de mort, pouvait forcer l'enfant à recevoir la moitié des droits qui vont s'ouvrir pour lui, il déjouerait la pensée du législateur qui a autant cherché l'intérêt de l'enfant que celui de la famille.

L'enfant qui n'aurait pas reçu la moitié de ses droits ne pourrait réclamer qu'un supplément pour parfaire cette moitié; celui qui aurait reçu plus de la moitié ne serait pas tenu à restitution, tant que la quotité déterminée par l'art. 757 n'aurait pas été dépassée.

S. les droits des enfants naturels ne remontent pas au-delà des père et mère, c'est que la parenté naturelle ne va pas plus loin que le père et la mère, de même qu'elle ne descend pas au-delà de l'enfant.

Les art. 759 et 766 portent deux exceptions à ce principe. « En cas de prédécès de l'enfant naturel, ses enfants ou descendants peuvent réclamer les droits fixés par les art. 757 et 758. — Quoique l'art. 757 ne parle que du cas où les descendants de l'enfant naturel viennent par représentation, l'économie générale de la loi prouve qu'ils peuvent aussi venir de leur chef.

Les biens de l'enfant naturel décédé sans postérité légitime, passent à ses père et mère naturels. En cas de prédécès des père et mère de l'enfant naturel, les biens qu'il en avait reçus passent aux frères et sœurs légitimes, s'ils se retrouvent en nature. On voit que l'art. 706 fait rentrer dans la famille légitime les biens qui en étaient sortis au profit de l'enfant naturel. Quant aux biens acquis par l'enfant naturel, ils passent à ses frères naturels à qui il est en quelque sorte uni par les liens d'une commune infortune. L'art. 762 n'accorde qu'un droit alimentaire aux enfants adultérins ou incestueux. Ce droit, consacré par la nature et l'humanité, est privilégié sur tous les legs à titre gratuit et sur les libéralités entre vifs. C'est, en effet, le cas d'appliquer la maxime : *Nemo liberalis nisi liberatus.* Il se mesure sur la consistance de l'hérédité, et sur le nombre et la qualité des enfants légitimes. Le mode de prestation est laissé au pouvoir discrétionnaire des tribunaux.

Toutefois, les parents qui auraient donné un état à leur enfant adultérin ou incestueux, auraient par là même satisfait à la dette alimentaire.

DEUXIÈME SECTION.

De la légitimation.

La légitimation, telle qu'elle a été réglée par le Code civil, est un hommage rendu au mariage ; c'est comme un baptême qui efface les souillures antérieures : car le mariage subséquent purifie la filiation naturelle, comme il purifie l'union de l'homme et de la femme. — Sous l'empire du droit romain, la légitimation pouvait se faire de deux manières : par mariage subséquent et par rescrit du prince. Ce de deuxième mode, inspiré par un intérêt purement politique, a été repoussé par notre législateur, comme blessant l'honnêteté publique, et le mariage subséquent est le seul mode de légitimation aujourd'hui reconnu par le Code civil.

Conditions de la légitimation. — 1° L'enfant doit avoir été reconnu avant le mariage, ou tout au moins dans l'acte de célébration. — On a par là prévenu un abus fréquent sous l'ancienne jurisprudence. Des époux privés d'enfants, par une sorte d'adoption frauduleuse, reconnaissaient des enfants qui ne leur appartenaient point, et les introduisaient ainsi dans leur famille.

2° La conception de l'enfant ne doit pas être adultérine. On a vivement agité la question de savoir si les enfants issus du commerce de deux personnes parentes ou alliées au degré prohibé, pourraient être légitimés par le mariage subséquent que leurs père et mère contracteraient au moyen de dispenses. — Certains auteurs, ne voyant que la lettre de la loi, ont rejeté dans ce cas la légitimation. Nous croyons que c'est aller contre la pensée du législateur qui, en permettant d'accorder des dispenses aux parents à un certain degré, a eu en vue la légitimation des enfants qu'ils auraient pu avoir antérieurement à ce mariage. On sait, en effet, que le plus puissant motif qui fait accorder des dispenses, c'est la survenance d'enfants naturels.

La légitimation s'opère, même après le décès d'un enfant naturel, au profit des descendants légitimes ou legitimés qu'il a laissés.

Effets de la légitimation. — Les enfants légitimés ont les mêmes droits que s'ils étaient nés du mariage ; seulement leurs droits n'auront pas d'effet rétroactif. D'où les conséquences suivantes : 1° L'enfant légitimé n'a aucun droit aux successions collatérales qui se sont ouvertes avant le mariage de ses père et mère. 2° Si les deux concubins venant à se marier, chacun de son côté, devenus libres par la dissolution de ce premier mariage, se marient l'un à l'autre, cette union produira la légitimation des enfants issus de leur concubinage. Mais il est à remarquer, qu'alors même que ceux-ci seraient plus âgés que les enfants légitimes des deux époux, en droit, ils seront leurs cadets, attendu que les effets de la légitimation ne remontent qu'au jour de la célébration du deuxième mariage. 3° Ce n'est qu'à partir du mariage que les père et mère acquièrent l'usufruit légal sur les biens de leurs enfants. 4° Enfin, ces enfants font nombre pour déterminer la quotité disponible.

DROIT COMMERCIAL

De la Société en commandite et de la Société anonyme.

CHAPITRE Ier.

De la Société en commandite.

La société en nom collectif est la société ordinaire; la société en commandite est une société anormale et d'exception.

Le désir de marier le capital à l'habileté industrielle fut la première cause de l'introduction de cette société, dont il n'existe presque pas de traces dans les vieilles législations. C'est au moyen-âge qu'elle naquit et qu'elle prit son plus grand développement. Les petits commerçants ne pouvaient écouler leurs marchandises qu'en les confiant à un capitaine qui, moyennant un *boni*, les vendait pour son propre compte, sauf à partager ensuite dans une certaine proportion avec les maîtres des marchandises; c'était ce qu'on appelait le commerce de pacotille, où le capitaine était seul responsable envers les tiers, tandis que les commerçants n'étaient tenus qu'à concurrence de leurs marchandises.

La commandite fut encore un moyen de tourner la prohibition du prêt à intérêt. Voici comment : Un capitaliste donnait ses fonds à un industriel, avec lequel il s'associait, pour partager ensuite avec lui les bénéfices effectués. Mais, devenant la dupe de l'habileté commerciale, le capitaliste ne tarda pas à se raviser, et en supposant que les bénéfices à réaliser dussent s'élever à 12 pour 100 à peu près, moyennant 4 pour 100 qu'il abandonnait, il se faisait garantir 8 pour 100 de bénéfices, et comme, dans ce cas encore, il pouvait bien perdre son capital, il le faisait assurer moyennant 2 pour 100. De sorte qu'en définitive, on était arrivé à un prêt à intérêt à 6 pour 100.

aurait exercé sur lui une forte pression, qu'en vertu du principe que chacun est responsable du dommage qu'il cause à autrui, le gérant pourrait réclamer du commanditaire des dommages-intérêts.

On distingue deux sortes de commandites : celle où un capitaliste avance des fonds à un commerçant, comme celle qui a lieu entre patron et commis, et la commandite par actions. Il résulte, en effet, des art. 34, 35 et 38 que le capital des sociétés en commandite peut se diviser en actions, qui peuvent être établies sous la forme d'un titre au porteur, auquel cas la cession de la qualité de commanditaire s'opère par la cession du titre.

Dans la commandite par actions, le titre au porteur ne laissant pas la moindre trace de son propriétaire, comment appliquerons-nous l'art. 28, puisque nous ne pouvons pas connaître le commanditaire? Dans ce cas, l'art. 28 reste sans application. Il y aurait eu pourtant un moyen de concilier les art. 28 et 34, c'eût été de forcer le premier porteur à inscrire son nom sur les registres sociaux.

Peut-on se libérer de l'obligation de faire son apport au moyen de la compensation? Non.

A la dissolution de la société, les créanciers sociaux peuvent, par une action directe, demander compte aux commanditaires, des fonds qu'ils ont promis de verser dans la caisse sociale.

La société en commandite se dissout-elle par la mort d'un commanditaire? Non, dans la commandite par actions, où l'on ne voit que les capitaux apportés et nullement la personne qui n'est point engagée; *secùs*, dans la commandite proprement dite ou à intérêt, où il y a une sorte d'affinité entre les individus.

L'intérêt des tiers exige que le capital de la société en commandite reste intact. Si au moyen d'inventaires fictifs, constatant des bénéfices imaginaires, les associés venaient à se partager des sommes prises sur le capital, il y aurait lieu à rapport.

CHAPITRE II.

Des sociétés anonymes.

La société anonyme, plus exceptionnelle encore que la société en commandite, n'a pas eu au moyen-âge de législation uniforme. Chaque société eut, à cette époque, sa législation particulière.

Le but des sociétés anonymes est de faire face à de grands sinistres à l'aide d'un grand capital. D'où la conséquence qu'ici l'industrie n'est rien, que les capitaux sont tout. Ce principe caractérise parfaitement cette société et doit servir à déterminer la base de répartition des bénéfices effectués.

Les sociétés anonymes doivent, comme les *tontines*, être autorisées par le gouvernement; mais, tandis que pour les *tontines* le gouvernement intervient dans l'intérêt des associés, ce n'est que dans l'intérêt des tiers qu'il contrôle les statuts des sociétés anonymes. Ici le gouvernement n'admet point de gérant irrévocable, afin de n'être pas gêné dans le contrôle qu'il doit exercer. Toutefois, malgré ces précautions, la fraude peut encore se faire jour. Elle résultera le plus souvent de ce qu'un sociétaire n'effectuera pas l'apport promis.

Une société anonyme, dont l'origine serait antérieure à la rédaction du Code de commerce et qui ne serait pas pourvue de l'autorisation du gouvernement, devrait-elle être annulée? Elle devrait être maintenue, si elle ne lésait point les intérêts des tiers, et que la coutume eût approuvé ses statuts; mais elle devrait être dissoute, si l'intérêt des associés, si l'intérêt public avaient à souffrir de l'absence d'autorisation.

La société anonyme n'a pas de raison sociale, elle n'est désignée par le nom d'aucun des associés (29). Et en effet, la raison sociale est le nom des associés responsables. Or, comment pourrait-il y avoir de raison sociale, puisqu'il n'y a pas d'associés responsables, que les capitaux seuls sont engagés?

Elle est qualifiée par l'objet de son entreprise (30).

La société anonyme, à cause des intérêts multiples qu'elle résume, ne peut se former que par un acte public qui doit être soumis à l'approbation du gouvernement. Mais quoique la société n'ait une existence légale qu'après l'autorisation gouvernementale, les associés seront liés entre eux aussitôt après la rédaction de l'acte public qui constate leurs conventions. Toutefois, si le gouvernement n'approuvait pas le pacte social, s'il venait y apporter des modifications importantes pouvant léser gravement les intérêts des associés, ceux-ci pourraient, à notre avis, se dégager de leurs engagements.

L'autorisation accordée est publiée conformément à l'art. 45.

La société, une fois formée et autorisée, est administrée par des mandataires à temps révocables, associés ou non associés, salariés ou gratuits (31).

Les administrateurs suivent la volonté des actionnaires.

L'organisation de la Banque de France nous donne une idée complète de l'administration des sociétés anonymes. Quatre éléments entrent dans cette organisation : 1° l'assemblée générale formée de tous les actionnaires; 2° le conseil de surveillance composé d'un certain nombre d'actionnaires pris parmi ceux qui ont le plus d'actions; 3° le directeur qui est l'administrateur; 4° le censeur qui est au directeur ce que le subrogé-tuteur est au tuteur. — Dans l'assemblée générale les voix se comptent *par intérêts* et non *par personne*, chacun a autant de voix qu'il a d'actions.

Les actions se divisent encore en coupons d'actions. Les porteurs d'actions ont seuls voix délibérative à l'assemblée générale.

DROIT ADMINISTRATIF.

De la compétence administrative et judiciaire en matière de marchés publics.

Les marchés publics sont des adjudications de fournitures à faire pour le compte de l'Etat. Ils s'appliquent toujours à des objets mobiliers, à l'inverse des travaux publics qui ne touchent qu'au sol. Il importe de distinguer ces deux matières en ce qui regarde surtout la juridiction, puisque aux ministres appartient la connaissance des difficultés relatives aux marchés publics, et que les différends qui surgissent à l'occasion des travaux publics sont jugés par les conseils de préfecture.

Quant à la compétence proprement dite, les deux matières sont régies par les mêmes principes, rentrant dans le pouvoir gracieux ou contentieux, selon que l'on retrouve ou non *l'intérêt spécial émanant de l'intérêt général discuté en contact avec un droit privé.* Pour faire l'application de cette ingénieuse formule, qui, je dois le dire avec une profonde conviction, a été pour moi le critérium du contentieux administratif, je vais parcourir rapidement les diverses phases d'une adjudication de marchés publics, m'efforçant d'exposer pour chacune, et la législation, et les principes. Tous les actes que j'aurai à signaler peuvent se ranger dans ces trois catégories : actes préparatoires, adjudication, exécution.

1° *Actes préparatoires.* — Tout ce qui précède les adjudications de fournitures, avis, cahier des charges, application de ces fournitures, etc., est évidemment du domaine gracieux de l'administration, car il n'existe encore dans ces divers actes, aucun droit qui puisse être mis en discussion. Sur ce premier point, il suffit de mettre en relief un fait important : c'est que nul ne saurait assigner à un ministre, l'emploi des crédits votés par l'Assemblée nationale ; à lui d'en disposer à son gré, sauf toutefois la pression morale que le parlement exerce sur le pouvoir exécutif.

2° *Adjudication.* — La forme des adjudications est réglée par la loi du 31 juillet 1833, et l'ordonnance du 4 décembre 1836. Les adjudications peuvent être faites avec concurrence et publicité, ou à l'amiable. On conçoit, en effet, que s'il est du devoir d'une bonne administration de rechercher avant tout, au moyen de la concurrence, toutes les garanties d'économie et de perfection, il peut se rencontrer des cas exceptionnels où des conventions de gré à gré seront plus avantageuses. Ces cas, énumérés dans l'art. 2 de l'ordonnance précitée, sont ceux où il s'agit de fournitures dont la dépense totale n'excède pas 10,000 fr.; où il s'agit d'un marché passé pour plusieurs années, dont la dépense annuelle n'excèdera pas 3,000 fr.; ceux où le marché doit être tenu secret; ceux où il s'agit d'objets qui n'auraient qu'un possesseur unique; ceux où il s'agit d'exploitation, fabrication et fournitures qui ne seraient faites qu'à titre d'essai, etc., etc.

Lorsque l'adjudication doit être faite avec concurrence et publicité, elle sera annoncée un mois à l'avance; les soumissions seront décachetées en séance publique. En cas d'égalité de rabais, des enchères verbales seront ouvertes, et il sera dressé procès-verbal de tous ces actes. Pendant un mois encore, les concurrents pourront se présenter; enfin, l'adjudication devra être approuvée par le ministre. Cette approbation est du domaine purement gracieux. Le ministre jouit de la plus grande latitude; car, jusque-là, l'acte est incomplet et n'a pu conférer aucun droit.

Un recours contentieux pourrait être ouvert aux tiers écartés de l'adjudication, si les formalités n'avaient pas été remplies.

3° *Exécution.* — L'exécution des obligations contractées par l'adjudicataire est garantie par un cautionnement, des hypothèques, la contrainte par corps, et même des peines spéciales. Le ministre détermine et accepte le cautionnement qui est fourni par l'adjudicataire lui-même, ou par un tiers, sur des meubles ou sur des immeubles. Les hypothèques de l'Etat sont régies par des lois spéciales, et à ce propos on s'est demandé si l'art. 14 du titre 2 de la loi du 5 novembre 1790, et l'art. 3 de la loi du 4 mars 1793, sont ou non abrogés par le Code civil. D'accord avec le conseil d'Etat et la Cour de cassation, nous déciderons que l'Etat n'a pas d'hypothèque légale, mais que les actes sous-seing privé intervenus entre les agents de l'administration et les adjudicataires, ont force d'actes parés pour l'inscription de l'hypothèque.

Enfin, si un service de guerre ou de marine a manqué, hors d'un cas de force majeure, aux termes des art. 330, 331 et 333 Code pénal, les entrepreneurs qui en étaient chargés seront punis par les tribunaux ordinaires de la réclusion et d'une amende de 500 fr. au moins.

Comme les simples particuliers, l'administration peut user du bénéfice de l'art. 1774 Code civil, qui permet de résilier les marchés devenus inutiles ou dangereux. La nécessité d'un tel droit est même plus apparente en matière administrative où les faits sont plus variables, plus importants, plus difficiles à prévoir; le ministre est seul juge de l'opportunité de la résiliation. A notre avis, le conseil d'Etat se montre trop sévère envers les adjudicataires, en n'admettant pas la voie contentieuse pour le règlement de l'indemnité. Si la résiliation est nécessitée par la faute de l'entrepreneur, le ministre fait *un marché d'urgence*, dont toutes les clauses sont à la charge du premier adjudicataire (C. d'Etat, 17 novembre 1824).

Nous avons indiqué, çà et là, les attributions des divers agents de l'administration. Voici la base et une esquisse de la compétence ministérielle. Les lois de 13 vend. et 13 frim. an VIII, attribuent aux ministres la juridiction contentieuse, en matière de marchés publics; ces dispositions ne sont pour nous, qui considérons les ministres comme tribunaux ordinaires du premier degré, qu'une application des principes. Cette compétence, s'explique par la nécessité de promptes décisions et d'une connaissance approfondie des affaires qui donnent lieu à la contestation. L'art. 122 du règlement du 1er septembre 1827, ne déroge nullement aux lois précitées, quoiqu'il semble attribuer certaines difficultés relatives aux marchés publics, aux préfets et aux intendants militaires. Il suffit de remarquer que les décisions de ces agents ne fondent pas la chose jugée, et ne préjugent en rien des droits des parties, tant que celles-ci n'y ont pas acquiescé ou que le ministre n'a pas prononcé.

Nous n'avons encore rien dit des motifs qui ont fait enlever ces contestations aux tribunaux judiciaires. Un mot suffit. Ne trouve-t-on pas là *l'intérêt général?* Quel intérêt que celui de l'alimentation des munitions des ambulances de l'armée! Ne trouve-t-on pas le droit privé garantissant le plus souvent la fortune entière d'un citoyen? Ne s'agit-il pas ici de l'interprétation et de l'application d'un acte administratif? De plus, qui oserait dire que le trésor public, où ces marchés prennent une si grosse part, n'est pas intéressé dans tous les cas?

Les contestations qui s'élèvent à l'occasion des conventions privées, par lesquelles l'adjudicataire cherche à augmenter son crédit, ou à se procurer les fournitures qu'il a promis de livrer, sortent évidemment de la sphère administrative et les tribunaux ordinaires sont alors seuls compétents.

Vu par le Président de la Thèse,

DELPECH.

www.ingramcontent.com/pod-product-compliance
Ingram Content Group UK Ltd.
Pitfield, Milton Keynes, MK11 3LW, UK
UKHW020445220726
13923UKWH00005B/2348

9 782019 995027